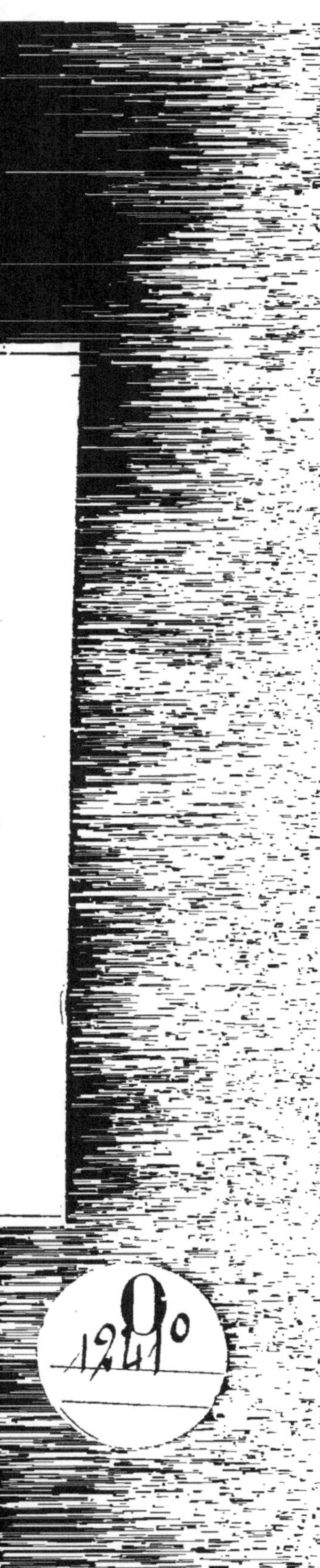

DISCOURS

PRONONCÉ

au Carmel de St-Omer, le 15 Octobre 1900

PAR

L'ABBÉ E. OCCRE

Curé de Louches

« Voyez le vol de cette âme,
que l'amour de Dieu a blessée. »
BOSSUET.

CALAIS

TYPOGRAPHIE & LITHOGRAPHIE DES ORPHELINS

70, QUAI DE L'EST, 70

—

1900

1241

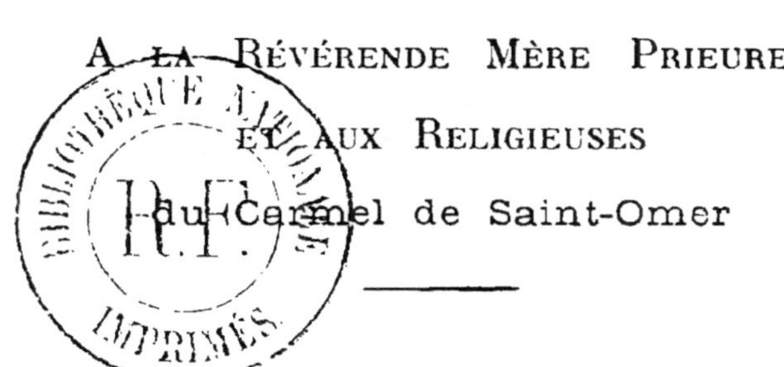

A LA Révérende Mère Prieure
ET AUX Religieuses
du Carmel de Saint-Omer

IMPRIMERIE DES ORPHELINS, 70, QUAI DE L'EST, - CALAIS

DISCOURS

PRONONCÉ

au Carmel de St-Omer, le 15 Octobre 1900

PAR

L'ABBÉ E. OCCRE

Curé de Louches

« Voyez le vol de cette âme,
que l'amour de Dieu a blessée. »
Bossuet

CALAIS

TYPOGRAPHIE & LITHOGRAPHIE DES ORPHELINS

70, QUAI DE L'EST, 70

—

1900

IMPRIMATUR :

Atrebati, die vigesima Octobris 1900.

Z. LIÉNARD, vic. gén.

L'Ame de Ste Thérèse

Mès *Révérendes Mères,*
Mes Frères.

L'un des plus grands mystiques de notre siècle [1], bien qu'étranger à la famille carmélitaine, a écrit cette proposition déconcertante par sa profondeur : « Non, des éternités ne suffiraient pas pour remercier Dieu de nous avoir donné cette séraphique mère » qui s'appelle Thérèse de Jésus.

Pour étonnante qu'elle paraisse au premier abord, cette parole n'est que l'expression de la vérité. Si, en effet, sur cette terre des ombres où nous vivons, il n'y a rien de plus beau, de plus bienfaisant, de plus doux, de plus élevé, de plus grand en un mot, dans le monde des âmes, à étudier, à contempler, à admirer que l'âme de l'incomparable Thérèse, que doit-il en être dans cet éternel séjour de la pleine et indéfectible vision, où le bienheureux, allant d'une vague de lumière en une vague d'amour, d'une vague d'amour en une vague de lumière,

---

[1] P. Faber. Tout pour Jésus.

embrasse, dans toute sa splendeur, la fécondité de la vie des saints, et particulièrement, de ces prodiges de sainteté, au premier rang desquels il convient de mettre celle dont j'entreprends la louange — laissez-moi vous le dire — avec une joie mêlée de confusion.

Que n'a-t-on pas dit depuis trois siècles, dans les chaires et dans les livres, dans le cloître et dans le monde, sur les ardeurs, sur les lumières, sur le dévouement, sur l'inébranlable constance, sur la puissance d'apostolat, sur la rayonnante sainteté, sur l'activité prodigieuse et éminemment salutaire de la Vierge d'Avila ? Et c'est justice ; car il semble que Dieu se soit plu à placer sur elle toutes les auréoles, tout ce qui charme et tout ce qui attire, tout ce qui déprend du monde et tout ce qui sanctifie. « Vierge et solitaire, confesseur et martyre, docteur et pasteur, apôtre et prophète, et, pour tout dire, ange et séraphin, comment contempler tant de rayons, qui resplendissent à la fois sur le front de cette femme [1] » sans être saisi d'admiration et sans entrevoir quelque chose de tout ce que Dieu a fait et fait encore par elle, en vue de sa gloire et au profit des âmes ? — Et pourtant l'humilité de Thérèse a répandu le silence sur tant de merveilles ; d'autre part, nous voyons si peu clair dans ces mystères de la grâce et de la vie éternelle, que, sans nul doute, nous ne savons presque rien de cette créature, si grande,

---

[1] Monseigneur Pie, *Œuvres sacerdotales*.

cependant, à nos regards ; les éternités infinies, ajoutant à la pauvre lumière de notre esprit les irradiations de la lumière de la gloire, projèteront sur l'âme de Thérèse un éclat si puissant, que nous pourrons, alors, en pénétrer toutes les grandeurs, en admirer toutes les beautés et chanter à Dieu un hymne d'actions de grâces qui durera autant que le ciel... Tel est peut-être le sens de la parole du P. Faber.

Et c'est cette âme, *l'âme de Sainte Thérèse,* que je vais tenter de vous mettre sous les yeux ; ambition chimérique, assurément ; je le sens plus que vous-mêmes ; les déconvenues de Jean de la Misère ne seront que jeux d'enfants en comparaison de celles que je me prépare. Néanmoins, il me sera facile de m'en consoler, si je me reporte à la parole du P. Faber et si je n'oublie pas que Thérèse, qui est humble, agréera mon hommage, quel qu'il soit, puisqu'il n'a d'autre intention que celle de louer Dieu et d'édifier les âmes par elle et avec elle.

Nous allons donc entrer dans l'âme de sainte Thérèse. Avec la grâce de Dieu nous en étudierons *la merveilleuse intelligence ; — le cœur si large et si généreux ; — la volonté si forte et si héroïque.*

O Marie, ô Reine du Carmel, mère de Thérèse et ma mère, vous savez combien et comment j'ai besoin de votre douce intervention afin de redire les secrets de cette âme dont Notre-Seigneur lui-même a dit que pour elle seule il aurait créé le ciel. Soyez donc ma lumière et ma force.

I

Que Thérèse d'Avila ait été douée par le
Créateur d'un esprit large et varié, ouvert à
toutes les sciences d'ici-bas, nous n'en dou-
terons pas, si nous voulons bien nous souvenir
que dès l'âge le plus tendre, elle s'adonne avec
le plus jeune de ses frères, « à la lecture de la
vie des saints et de l'histoire de leurs souffrances.» Quelques années plus tard, elle s'é-
prend pour des fictions chevaleresques ; elle les
lit, elle les relit avec une passion que rien ne
peut comprimer, et à une heure de la vie où,
habituellement, l'esprit de l'homme n'est pas
encore maître de ses moyens, Thérèse de
Ahumada compose elle-même un livre «où elle
déploie une telle richesse d'imagination, une
si singulière pénétration d'esprit qu'elle se
montre déjà écrivain émérite [1]. »

Non pas qu'il faille nécessairement se pâmer
d'admiration devant les précoces génies. Dieu
lui-même, au matin des siècles, a voulu nous
montrer, par l'histoire du plus bel ange du ciel,
qu'il n'y a qu'un pas de la lumière aux ténèbres.
Ne savons-nous pas, d'ailleurs, par l'histoire
même de Thérèse, que, seule, la miséricor-
dieuse bonté du Seigneur, l'empêcha de perdre

---

[1] *Histoire de sainte Thérèse* d'après les Bollandistes ;
ses divers historiens et ses œuvres complètes. C'est à ce
livre que nous empruntons les citations dont nous ne
donnons pas l'origine.

la virginale beauté de son intelligence dans le goût et la recherche des livres frivoles !

Ce que la vie du foyer domestique avait ébauché, l'éducation d'un couvent auquel les meilleures familles d'Avila confiaient leurs filles l'acheva au profit de la jeune enfant qui nous occupe. Ne comparons pas, je vous prie, la discipline intellectuelle donnée au XVIe siècle avec celle que l'on impose aux jeunes filles de nos jours : elle n'en avait ni la variété, ni, surtout, les prétentions : mais sans vouloir rouvrir un débat qui ne produira jamais de résultats, nous pouvons dire qu'aujourd'hui l'action éducative ne s'exerce pas avec plus de profondeur qu'autrefois. Nous n'en voulons de meilleure preuve que Thérèse elle-même : « Je ne demeurai, dit-elle, qu'un an et demi dans ce monastère, mais j'en retirai beaucoup de bien. »

Elle rentra, en effet, à la maison paternelle, à seize ans et demi, faible de santé — elle le restera pendant toute sa vie — mais brillante d'esprit, détachée des frivolités et des chimères, sérieuse dans ses goûts, à l'image de cette religieuse de rare mérite, Marie Bricèno, qui avait pris sur elle un ascendant si salutaire et qui venait de donner à ses qualités intimes une orientation lumineuse qui ne connaîtra presque plus de déviation.

Il convient, pourtant, d'ajouter à cette heureuse influence la non moins providentielle intervention d'un oncle qui vivait dans une solitude austère et féconde, peuplée seulement par la pensée de Dieu et par un commerce quotidien avec les œuvres des Pères et des grands mystiques de l'Eglise, don Alphonse d'Hortigosa. Ce vénérable vieillard fut, en vérité, le bon génie, le génie illuminateur de Thérèse. Il lui mit entre les mains les Epîtres de saint Jérôme, les Morales de saint Grégoire, les traités de saint Augustin; plus que cela, il lui donna l'amour de la vraie science, c'est-à-dire de la science qui, en même temps, éclaire l'intelligence et tourne la volonté vers Dieu. « Elle lut, dit Fénelon, et sentit la vérité. Elle l'aima et ne s'aima plus elle-même. » Non; ce n'est pas pour elle-même que Thérèse va rechercher la science; ce n'est pas pour briller, c'est pour devenir meilleure. Oh ! le noble but de tout effort intellectuel, bien digne de l'éternelle vérité qui en est le terme !

C'est, en effet, sur ces hauteurs sereines où la lecture de la vie des Saints l'avait transportée, que l'avenir de Thérèse s'entrouvre à ses regards avec ses adieux définitifs à un monde indigne d'occuper son cœur, avec sa complète consécration au seul Epoux qui mérite son amour Lorsqu'elle entra au couvent de l'Incarnation, le 2 Novembre 1533, les cloches d'Avila sonnaient le glas des morts et le premier chant que Thérèse entendit dans la chapelle fut le doux et triste Requiem. Qui ne sent ce jour-là, le peu que vaut la science qui ne se tourne pas à aimer le Seigneur ?

De cette science purement humaine, et, par conséquent, stérile, Thérèse d'Avila, devenue

Thérèse de Jésus, devenue prieure et fondadatrice, ne fera jamais aucun état. Assurément, elle détestera les esprits bornés, parce qu'à ses yeux ils sont peu aptes à la vertu ; mais elle n'aimera point davantage ces esprits curieux, pleins d'eux-mêmes, qui font de la science un but et non pas un moyen d'aller à Dieu plus rapidement et plus sûrement. — « Ma mère, lui disait un jour, sur le point d'entrer au monastère de Tolède, une jeune fille d'esprit cultivé et de dévotion renommée, ma mère, j'apporterai aussi une Bible que j'ai. — Une Bible que vous avez, ma fille, lui répond aussitôt la sainte ; non, non, je ne veux point ; nous n'avons pas besoin de vous ni de votre Bible, nous sommes de pauvres ignorantes, qui ne savent que filer et faire ce qu'on nous ordonne. »

« Pauvre ignorante », « pauvre pécheresse », c'est, en effet, de ce nom que s'appellera, toute sa vie, cette femme à l'imagination aussi riche que féconde, aux connaissances les plus élevées, au langage si correct et si brillant, et qui, par ailleurs, avait en elle-même et dans son tempérament naturel une inclination excessive vers les choses de l'intelligence et vers les hommes d'esprit. Veuillez remarquer, en passant, quelle force il faut à une âme de cette trempe pour en arriver à ce point de n'aspirer plus qu'à enfouir le don de Dieu, sinon lorsqu'il s'agit de glorifier le Père même des lumières.

Vous savez, — c'est une des plus belles choses de la vie des Saints — quelle violence Thérèse dut s'imposer pour écrire les chefs-d'œuvre qu'elle nous a laissés, qu'elle a laissés à tous les siècles. Elle ne prit la plume que sur l'ordre de ses Directeurs ; et, chose plus grande et plus héroïque encore, quand un jour l'un de ses confesseurs eut la regrettable idée de lui enjoindre la destruction d'un livre écrit sur l'ordre de personnes « ayant droit à son obéissance, » elle s'inclina avec une joie sans mélange. « Je puis me tromper, disait-elle, en suivant les révélations directes qui me viennent du ciel, je ne me tromperai jamais en obéissant au ministre du Ciel. »

Or, l'humanité a ouvert ces livres de Thérèse de Jésus ; elle les a lus avec une admiration sans cesse grandissante ; l'Église elle-même en a exalté la doctrine comme celle des plus sublimes théologiens, comme celle de ses plus grands docteurs ; les plus hauts génies, les évêques, les prêtres, les solitaires, les vierges, les âmes pieuses viennent y apprendre les mystères de Jésus-Christ, et, tant qu'il y aura, dans la cité de Dieu, des cœurs prédestinés à la sainteté, tout ce que Thérèse a écrit sera recherché, étudié et aimé ; ce qu'elle a écrit c'est-à-dire sa *Vie et ses Lettres ;* le *Livre des Fondations,* la *Manière de visiter les monastères,* les *Avis spirituels,* le *Chemin de la Perfection ;* les *Méditations sur le Pater ;* le *Château de l'âme.*

Les titres mêmes de ces ouvrages indiquent la profondeur des questions que notre Sainte y a traitées ; mais elle avait une intelligence si déliée qu'elle aborde ces sujets déconcertants avec une aisance qui permet aux âmes les plus simples de comprendre tout ce qu'elle dit, de goûter tout ce qu'elle touche. Personne avant elle, personne, depuis que la mort a brisé sa plume d'or, n'a donné à la théologie la plus élevée, aux choses les plus raffinées de la vie spirituelle, ce vêtement transparent et solide à la fois, cette forme facile qui n'appartient qu'aux esprits qui sont toute lumière et toute clarté. Les critiques les plus sévères affirment que nul écrivain n'a pénétré les profondeurs de l'âme humaine et de l'âme religieuse avec la sagacité de sainte Thérèse. Nous avons d'elle des analyses, des tableaux d'une finesse de touche désespérante ; ses lettres surtout — dont le trésor vient de se compléter par suite de découvertes précieuses — sont émaillées de traits vifs et spirituels qui en font des modèles du genre. Et si nous voulions trouver dans notre langue française quelqu'un qui s'approchât d'elle, nous citerions, pour les hommes, saint François de Sales qui l'avait en si particulière affection ; pour les femmes, la célèbre petite fille de Madame de Chantal, la Marquise de Sévigné.

Que dirons-nous de sa conversation ? Thérèse fut une causeuse pleine de charmes. Déjà, lorsqu'elle était encore jeune religieuse à Avila, elle fascinait l'élite d'une société qui l'avait aimée aux beaux jours de son adolescence et qui venait la retrouver au fond de son cloître pour entendre sa voix, pour jouir de sa parole. En notre siècle si rabaissé, nous ne comprenons guère (je ne parle pas pour les amis du

Carmel) le charme que l'on peut trouver dans ces relations avec le cloître. Nous sommes trop extérieurs, trop amis du bruit ; les horizons que nous recherchons sont trop bornés, pour que nous sachions nous élever à ces hauteurs si calmes « où l'air est plus pur, le ciel plus ouvert, Dieu plus familier. » A l'époque où vivait Thérèse, il n'en était pas ainsi ; on se disputait ses instants et nous verrons plus tard que notre sainte se fit d'amers reproches de s'être ainsi prêtée aux conversations des hommes, tandis que le Seigneur et ses anges la conviaient à leurs entretiens. Ce n'était cependant pas du temps perdu, car, là comme ailleurs, comme durant toute sa vie, son ravissant talent pour la parole ne fut, entre ses mains innocentes, qu'un filet tendu pour la gloire du Seigneur. On ne résistait pas à cette clarté, à cette conviction, à ce bon sens surtout que l'on retrouvait au fond de tout ce qu'elle disait. Elle obtint ainsi de vrais succès apostoliques qui furent bien de nature à expier ce qu'elle appelait, avec une humilité qui ne sera jamais égalée, le temps de ses infidélités.

Aussi, même de son vivant, Thérèse faisait-elle l'école. Il suffit de nommer Jean de la Croix qui fut son plus illustre disciple et son émule dans la sainteté. Mais, après sa mort, surtout, une plus grande diffusion ayant été donnée à ses écrits, des âmes, par milliers, voulant participer à une doctrine si élevée, **la choisirent pour maîtresse de tout ce qui regarde le royaume de Dieu.**

Ne savez-vous pas qu'il n'en est pas autrement à l'heure actuelle? Les Pères et les Docteurs sont comme des livres toujours ouverts dans l'Église du Christ. Nous sommes, si l'on peut ainsi dire, les héritiers ou les bénéficiaires de leurs travaux. C'est d'eux sans doute que la jeune Thérèse parlait quand elle disait : « Je bénis Dieu de toute mon âme, et nous autres femmes ou ignorants, nous devrions sans cesse lui rendre d'infinies actions de grâces de ce qu'il se trouve des hommes pour conquérir à force de travail, la vérité qui sans eux nous resterait inconnue. Je considère souvent avec effroi combien de peines coûte aux savants la science dont je profite, sans avoir d'autre mal que celui de les interroger ». Or, parmi les Docteurs de l'Église, il en est qui ont pénétré si avant dans certaines régions de la vérité qu'on les considère à jamais comme les maîtres de l'humanité et de tous les siècles : Saint Augustin, s'il s'agit du mystère de la grâce; Saint Jérome, s'il s'agit de l'interprétation scripturaire ; Saint Thomas d'Aquin, en ce qui concerne la théologie scolastique ; Saint Alphonse de Liguori en ce qui touche à la casuistique et à la théologie morale. Mais, lorsqu'on veut aborder cette science si délicate qui traite des rapports des âmes saintes avec Notre Seigneur Jésus-Christ et dont l'oraison aux multiples degrés est le dernier mot, il n'y a point d'autre docteur à écouter que l'illustre Réformatrice du Carmel.

Docteur, ai-je dit? Il est vrai que l'Église ne lui a pas décerné ce titre « dont elle ne doit honorer que ses fils » mais si vous allez un jour dans cette basilique Vaticane qui est vraiment le centre de la catholicité, au premier rang de cette galerie des Pères, des Docteurs et des Fondateurs d'Ordre, qui est, après la Confession de Saint-Pierre, la plus riche parure de ce temple, de ce temple beau comme un bijou et grand comme une cité, vous verrez une statue de femme, au pied de laquelle se lit cette inscription : *Mater Spiritualium* C'est l'image de Celle que nous honorons en ce jour, l'image de Thérèse qui est vraiment la mère des choses spirituelles, la mère des âmes mystiques, le Docteur le plus attitré de la sainte oraison et de la science suréminente du Christ.

Aussi bien, il faut enfin le dire, les vrais livres où Thérèse puise cette science éminente ne sont pas précisément les livres écrits par la main des hommes. Son vrai livre, le livre où elle apprend tout, c'est Dieu. « Les historiens nous racontent que pour l'un de ses ouvrages en particulier, sauf la plume et la main, elle n'y avait rien mis du sien. Dieu lui fournissant les matériaux, l'arrangement, le titre même de l'ouvrage, lui avait montré qu'il en voulait être l'auteur.

« Les filles de la Sainte racontent à leur tour que sa correspondance et les affaires qui absorbaient sa journée l'obligeaient à écrire son livre (le Château de l'âme) le plus souvent après Matines, elles virent plusieurs fois une clarté qui sortait alors de sa cellule : elles entr'ouvrirent doucement la porte pour se rendre compte du prodige et aperçurent la Sainte entourée d'un nimbe lumineux ; son visage était radieux, son teint pâle et mat avait disparu, ses joues colorées, son regard brillant, ses lèvres, à demi-souriantes, lui rendaient la beauté de ses anciennes extases· La plume volait sous ses doigts, elle remplissait d'un seul jet de longues pages, comme si elle eût écrit ce qu'une voix intime lui aurait dicté. Les sœurs l'examinèrent ainsi à plusieurs reprises. A minuit, le son de l'horloge semblait la rendre à elle-même ; c'était l'heure qu'elle s'était fixée pour terme de sa veille d'écrivain ; elle ne le dépassait point. La clarté mystérieuse disparaissait alors graduellement ; il ne restait plus sur son front qu'un dernier rayon grâce auquel les heureuses filles voyaient encore leur mère s'agenouiller près de son lit, étendre les bras en croix et demeurer longtemps en prière... »

Elle n'est donc point recevable la parole du Père Yanguas à propos du commentaire du Cantique des Cantiques composé par Sainte Thérèse : « Jetez cela au feu : il n'appartient point à une femme d'expliquer l'Écriture Sainte ! » Quelle erreur ! y eut-il jamais sur la terre une âme plus capable d'interpréter le le poëme sacré ? Quelques pages, d'ailleurs, de son travail nous ont été presque miraculeusement conservées. Elles laissent entrevoir le trésor que nous avons perdu. « Les homélies de Saint Bernard sur le même sujet auraient eu de vraies sœurs dans les instructions de notre Sainte : plus familières, plus claires, dépouillées des richesses de l'érudition et du langage fleuri du docteur de Cîteaux, elles auraient redit sur un autre rhythme, avec moins d'éclat, mais non moins d'harmonie, les célestes amours du Créateur pour sa pauvre créature ; elles auraient aidé un grand nombre d'âmes droites et simples à pénétrer dans ce champ mystérieux que l'on n'ose aborder sans guide et où Thérèse, dès les premières lignes, découvre le fruit nourrissant, la morale solide sous les figures bibliques. »

Et maintenant, s'il fallait résumer en un aperçu final ce que nous avons balbutié de l'intelligence et de la science de la séraphique Thérèse, nous devrions dire qu'elle tient à la fois de la nature et de la grâce, de la terre et du ciel, du travail d'un esprit servi par les ressources les plus brillantes et de l'inspiration surnaturelle. Mettons, si vous le voulez, à la base, d'éminentes qualités natives, l'amour de l'étude et une riche culture intellectuelle, mais n'oublions pas de dire que le divin Illuminateur des âmes a projeté, par surcroît, sur l'âme de Thérèse des rayons de lumière qu'il refuse aux génies eux-mêmes, et qui ont fait de sa doctrine « une doctrine toute céleste. »

O Thérèse, laissez-nous vous demander avec l'Église de vouloir bien nous nourrir de cette céleste et supersubstantielle doctrine. Et puisque, dans tout ce que vous avez écrit, vous n'avez jamais eu d'autre but que de vous sanc- tifier, que de conduire les âmes au Seigneur, faites que, nous aussi, nous ne voyions jamais, non seulement dans vos œuvres, cela va sans dire, puisqu'elles exhalent d'un bout à l'autre le parfum de Jésus-Christ, mais encore dans toute science, dans tout travail de l'esprit, qu'un moyen d'aller à Dieu, par un chemin de lumière et de vérité.

II

Pour être grand, surtout pour être saint, l'esprit — qui ne le sait ? — ne suffit pas. A la même époque que Thérèse d'Avila, vivait un homme, qui, lui aussi, avait reçu du ciel et de la nature des dons magnifiques : une imagina- tion vive, une intelligence d'élite, une ardente sensibilité, tout ce qu'il faut pour diriger les peuples. Il dirigea les peuples, en effet, mais ce fut sur le chemin de leur perdition, parce qu'au lieu d'être un génie éclairé par la foi, vivifié par l'amour, Luther (c'était lui) fut un génie som- bre, malfaisant, que guidaient la révolte et l'ambition.

Chez Thérèse, au contraire, le cœur fut encore plus grand que l'intelligence. Hélas ! il est vrai que, par une action réflexe qui se ren- contre souvent, comme son intelligence, son cœur fut un instant sur le point de s'égarer.

Après avoir rêvé le martyre, soupiré vers l'éternité, s'être éprise d'amour pour les choses de Dieu, un jour, la jeune âme de Thérèse se laissa envahir par la fascination de la bagatelle, par l'attrait de la parure, par la dissipation des sociétés légères et les séductions d'une amitié en apparence innocente, dangereuse en réalité.

Mais comme ce cœur était riche de promesses, Dieu s'en montra jaloux, et, dissipant, les uns après les autres, les obstacles qui lui en fermaient l'entrée, il en prit bientôt possession et conduisit celle qui devait être son épouse dans la solitude d'un cloître.

Le cloître ! Soyez sincères, mes frères : ne l'avez-vous jamais considéré de cet œil du monde qui fait de lui la mort du cœur, le tombeau où s'engloutit l'amour filial avec tout ce qu'il y a de plus exquis et de plus doux dans la vie, c'est-à-dire le culte de la famille ? Or, écoutez ce que dit Thérèse à propos de son entrée au couvent : « Au moment de franchir le seuil de la maison paternelle, j'éprouvai une telle angoisse que je ne souffrirai pas davantage, je crois, à l'heure de ma mort. Il me semblait que mes os se détachaient les uns des autres. L'amour de Dieu n'était pas assez fort dans mon cœur pour triompher de mes affections de famille, et mes sentiments naturels se révoltaient avec une si grande violence que, si le Seigneur ne m'eut aidée, toutes mes considérations n'auraient jamais suffi à me faire avancer d'un pas. Mais Dieu me donna du courage contre moi-même et enfin je partis. »

Elle partit, non pas pour se donner à l'une de ces besognes extérieures, déjà si belles pourtant, telles que l'éducation des enfants ou la sollicitude des pauvres, mais pour se vouer directement à Jésus-Christ dans un amour sans mélange et sans retour. Qu'elles furent saintes, en effet, ces premières années de la vie religieuse de Thérèse ! La charité fraternelle la plus exquise, l'esprit de prière et ce je ne sais quoi d'achevé que donne la souffrance supportée avec la plus inaltérable patience mit la jeune carmélite dans un contact intime avec Dieu. La sainte oraison dont elle commençait à comprendre le véritable esprit et à goûter les douceurs compléta cette union.

Mais voyez combien il faut craindre le monde. Celle-là même qui l'avait fui, il la poursuivit jusque dans la retraite du cloître, et comme s'il avait des habiletés sataniques, il prit cette âme délicate, non par des amorces grossières, mais par sa sensibilité, par son aimable inclination à consoler, à relever le prochain, au moyen d'une conversation douce et pénétrante, suave jusqu'à l'excès et dont le grand danger, imperceptible au premier regard, fut, en définitive, de partager son cœur entre Dieu et la créature. Thérèse est encore pure comme les anges, mais, dans cet ange, Dieu voit des taches. Thérèse est encore un grand cœur, mais, dans ce cœur, Dieu voit des fibres qui ne résonnent plus pour Lui seul. Voici qu'en effet ce cœur devient de plus en plus humain ; l'oraison, désormais abandonnée, ne le soutient plus : qu'en sera-t-il de lui, si le Seigneur ne vient à son secours?

Mais Dieu aime trop ce cœur pour l'abandonner. Près du lit d'agonie de son bien-aimé père, Thérèse rencontre une première protection, une première planche de salut dans la direction aussi pieuse qu'éclairée du P. Vincent Varron, de l'ordre de saint Dominique. Sans lui prescrire de se soustraire aux relations du monde, le prudent directeur lui ordonne de reprendre l'oraison, de se livrer aux attraits de la prière, de se remettre, en un mot, entre les mains de ce Dieu qui la veut tout entière. « J'obéis, dit Thérèse, et depuis ce temps, je n'ai plus quitté l'oraison. »

Cependant le cœur de Thérèse n'est pas encore suffisamment épuré, au gré de Notre-Seigneur. En effet, l'Époux divin semble abandonner celle qui jadis le cherchait avec ardeur. Il la laisse dans une aridité crucifiante. On dirait qu'à mesure que notre sainte fait à Dieu des avances d'amour, Dieu s'éloigne, s'éloigne toujours, comme s'il ne voulait pas de cette âme qui brûle de se donner à Lui. Et cet état va durer quatorze années — quatorze années d'un véritable martyre, que, seules, peuvent comprendre les âmes consacrées — durant lesquelles Thérèse ne cesse d'offrir au Seigneur des prières et des larmes brûlantes pour toucher son cœur et vaincre ses mystérieuses résistances.

Dieu se laissera vaincre; mais, auparavant, il veut rendre cette âme si belle, si lumineuse,

si supérieure à toutes les choses d'ici-bas; il a
sur elle de si grands desseins; il veut la posséder si bien et si complètement qu'il va la
travailler encore; d'abord en se montrant à elle
avec toutes les souffrances de la Passion qui
semblent lui reprocher ses longues infidélités,
puis, en lui mettant sous les yeux le récit de la
conversion d'un grand cœur, longtemps, longtemps rebelle, vaincu enfin par la grâce toute-
puissante du ciel, la conversion du fils de
Monique. Cette fois c'est le salut, c'est la pleine
lumière, c'est la vie, pour Thérèse, vie recon-
quise « près de l'âme de son frère en génie, en
tendresse, en sainteté, le doux Augustin» qu'elle
dépasse, pourtant, de toute la beauté d'une
innocence toujours conservée.

Dès cette heure, l'âme de Thérèse est livrée
comme une proie à l'amour de Dieu. Le moyen
qui l'élève jusqu'au Sacré-Cœur est l'oraison.
Il faudrait posséder le secret de ce langage
simple et doctrinal à la fois, de ces compa-
raisons naïves et pleines d'expression dont notre
héroïne était coutumière, pour retracer l'état
de piété, d'abandon à la sainte volonté de Dieu,
de perfection et d'amour auquel Thérèse arriva
sous l'influence de cette oraison si élevée.

Elle voit alors l'aveuglement dont elle était
la victime au temps où les choses de ce monde
la retenaient; elle aperçoit, dans une lumière
saisissante, les plus légères taches qui l'empê-
chaient d'être à Dieu tout entière; elle saisit,
dans toute sa vivacité, la sainteté infinie de
Dieu; elle voit que Dieu seul mérite toute affec-

tion, et c'est à Lui qu'elle se donne avec tout
l'élan de sa foi et toute l'ardeur de son viril
amour. Je n'essaierai pas de vous redire « les
révélations,...... les ravissements, les extases,
les tourments qui lui font jeter des cris de
douleur et de joie, où l'esprit est enivré et où
le corps succombe, où Dieu lui-même est si
présent que l'âme épuisée et dévorée, tombe en
défaillance, ne pouvant soutenir de près tant
de majesté [1]. »

Un jour, le Seigneur, satisfait de sa sainteté,
lui dépêcha un séraphin armé d'un glaive d'or
qui lui transperça le sein. En ce moment, des
ardeurs nouvelles s'allumèrent dans son âme.
Thérèse eut des ravissements plus prolongés,
des élans d'amour plus enflammés et, sur son
visage, il brilla comme une auréole qui transfigura son être. Ses lèvres elles-mêmes s'entr'-
ouvrirent, jetant vers le ciel des hymnes
inspirés que la piété du Carmel nous a con-
servés et que l'on peut comparer aux sublimes
cantiques des Prophètes.

Dès lors, Thérèse n'avait-elle pas le droit de
s'écrier : « Seigneur, que d'autres vous servent
mieux que moi et que vous leur réserviez au
ciel plus de bonheur, oh ! je le veux bien ; mais
qu'il y en ait qui vous aiment davantage, je ne
sais si je pourrais le souffrir. » Il me serait
facile de vous raconter mille traits qui établis-
sent cet ardent amour de Thérèse pour Notre-
Seigneur ; ses longues prières, ses ferventes

[1] Fénelon.

communions, ses regrets de rester sur la terre, ses désirs haletants de la mort, son amour des souffrances, sa recherche des humiliations, sa passion des croix et des pénitences : car c'était bien l'amour de Dieu qui était, en elle, le ressort de toutes ces vertus. Qu'il me suffise de vous rappeler cette détermination héroïque qui a fait trembler d'épouvante les saints eux-mêmes, à savoir le vœu prononcé par la séraphique Épouse du Christ « de faire en toutes choses ce qu'elle croirait être le plus agréable à Dieu. »

On ne saurait rien imaginer de plus raffiné dans l'amour. Aussi bien il ne s'agit plus ici d'accomplir les préceptes ou même les conseils évangéliques, de mener une vie déjà parfaite, mais il s'agit d'avoir, en toute circonstance, le regard fixé sur les hauts sommets de l'amour de Dieu, d'y monter avec générosité et « de ne plus descendre, même une seule minute, de ces cimes qu'on ne croyait jusqu'ici habitables qu'aux anges et **aux** bienheureux impeccables dans le Ciel [1]. »

Mais vous le pressentez bien, l'éternel ennemi des âmes enflammées de l'amour de Dieu ne saurait prendre son parti de cette existence toute céleste. Voici qu'il livre à notre sainte des assauts qui sont comme le renouvellement des scènes émouvantes de l'histoire de Job. On dirait que Thérèse est abandonnée corps et âme aux attaques furieuses de Satan, et au

[1] Monseigneur Baunard.

milieu de cette tempête, elle reste calme et souriante, n'ayant pour toute défense qu'un peu d'eau bénite et une croix de bois. Je dirai même que ces épreuves ne sont rien en comparaison de celles qu'elle rencontre dans la contradiction des gens de bien, des religieuses, ses compagnes, des prêtres et de son propre confesseur. Aux yeux de ceux-ci, les faveurs célestes qu'elle reçoit ne sont que des illusions de l'esprit de mensonge, comme celles peut-être de cette Clarisse de Cordoue, sa contemporaine, qui, durant des années, avait attiré sur elle, ainsi que sur une sainte, l'admiration universelle, et qui, finalement, n'était qu'une misérable, digne de tous les anathèmes. Mais avec Thérèse, c'était Jésus ; avec la fidèle disciple, c'était le Maître que l'on contredisait et que l'on suspectait. Combien notre sainte en souffrit, elle qui savait bien reconnaître son Époux divin dans ces suaves apparitions, dans ces douces visites, dans ces paroles dont Il la favorisait : « Console-toi, ma fille, lui dit-il un jour, tu fais bien d'obéir, moi je ferai connaître la vérité. » Je ne vous montrerai pas comment ces épreuves extérieures dilatèrent le foyer d'amour que Dieu avait allumé dans le cœur de Thérèse. A mesure que le monde s'acharne contre elle, Dieu se plaît à s'entretenir avec elle, à la consoler, à la combler de bontés ineffables. En présence d'une beauté si divine, la Sainte se sent transportée de bonheur, son âme se consume dans les plus ardents désirs du Ciel ; elle a soif d'aller à Dieu.

Près de trente ans vont se passer dans ces élans d'amour. Thérèse n'a qu'une passion c'est d'aimer Jésus. Elle lui est si unie qu'elle s'appelle Thérèse de Jésus, et ce nom est une réalité si vraie que Jésus s'appelle lui aussi le Jésus de Thérèse. « Qui me donnera, s'écrie Bossuet, qui me donnera des paroles pour exprimer l'ardeur qui la presse. Mais quand je pourrais la représenter aussi forte et aussi fervente qu'elle est dans le cœur de Thérèse, qui comprendra ce que j'ai à dire? Disons néanmoins, comme nous pourrons, ce que son histoire raconte; disons que l'admirable Thérèse, nuit et jour, sans aucun repos ni trêve, soupirait après son divin Époux; disons que son amour s'augmentant toujours, elle ne pouvait plus supporter la vie. De là ces pleurs, de là ces sanglots, de là ces douleurs excessives qui mettraient sans doute Thérèse au tombeau, si Dieu, par un miracle de sa Providence, ne la voulait conserver encore pour la rendre plus digne de son amour. »

C'est après l'une de ces mystérieuses agonies de souffrance et d'amour que l'hymne si connue sous le nom de sa glose jaillit toute brûlante de son génie et de son cœur. Dans la poésie religieuse, il n'y a rien de plus poignant que ces accents d'une âme qui a le spleen du ciel, qui souffre de l'absence du Paradis, qui gémit de ne pouvoir se jeter dans les bras de ce Dieu dont l'infinie splendeur, entrevue en des journées d'extase, la plonge dans le ravissement : « Je me meurs de ne point mourir... La vie est à mon goût d'une amertume extrême; est-ce vivre, Seigneur que de vivre sans vous? Si l'amour que je sens est doux, le terme de l'attente, hélas! n'est pas de même. Ce faix rude et pesant m'empêche de courir, et toujours loin de ce que j'aime, je me meurs de regret de ne pouvoir mourir..... Absente de mon Dieu, je languis triste et sombre. Qu'est-ce que je puis voir où je ne le vois pas? Ma vie est un affreux trépas; mon jour est une nuit et ma lumière une ombre. La source de mes maux sans lui ne peut tarir; lasse d'en voir croître le nombre, je me meurs de regret de ne pouvoir mourir. »

Elle sonna enfin, pour Thérèse, l'heure tant désirée de quitter la terre et ce même amour qui avait été sa vie fut aussi la cause de sa mort. Elle mourut, en effet, la sainte Épouse de Jésus, « d'amour plutôt que de défaillance de nature, » brisée par cette force intérieure qui, plus puissante que la frêle enveloppe du corps, avait secoué les entraves de la prison terrestre. C'était le 4 octobre 1582, en la fête d'un serviteur passionné de la pauvreté et grand amant de Jésus, le séraphique François d'Assise.

Lorsque, la veille de sa mort, on apporta le saint Viatique à l'admirable moribonde, tout son être se transfigura et d'une voix vibrante, elle s'écria : « O mon Seigneur et mon Époux bien-aimé, elle est donc venue cette heure tant désirée ! Il est temps de nous voir. O mon

Seigneur et mon unique amour, il est temps de partir ; il est temps que je sorte de cette vie. Qu'elle soit mille fois bénie cette heure bienheureuse et que votre volonté s'accomplisse. Que mon âme s'en aille vers vous, qu'elle s'unisse à vous, après vous avoir si longtemps attendu. » C'était le suprême appel de cette âme dont la demeure, depuis longtemps déjà, n'était plus la terre ; le vol magnifique de cette colombe, qui, pour l'éternité, « pour toujours » s'en allait se cacher dans le sein de Dieu, « son unique amour. »

Mais une âme ne peut aimer Dieu et surtout l'aimer à ce point sans désirer qu'il soit aimé de tous les hommes. Le zèle est le rayonnement de l'amour. Pour l'âme si aimante de Thérèse le zèle fut une nécessité. Deux pensées le nourrissaient, deux pensées toujours présentes à l'esprit de notre Sainte, celle de la beauté ineffable de Dieu, celle de la beauté des âmes.

Et d'abord, Thérèse a entrevu le Seigneur dans sa gloire infinie : peut-elle l'aimer avec nos froideurs ? Peut-elle, surtout, souffrir que les âmes ne se laissent point captiver par les charmes de cette beauté transcendante ? La réforme du Carmel, entreprise par elle, n'a point d'autre premier but que de donner à Jésus des âmes dévouées, aimantes, passionnées pour sa gloire. « Puisque Notre-Seigneur a tant d'ennemis et si peu d'amis, il faut du moins que ceux-ci soient très bons. » On le chasse de toutes les églises, on ferme ses tabernacles, on disperse les chrétiens qui se groupent autour de lui, ouvrons, se dit Thérèse, d'autres temples au Souverain Maître, dressons-lui de nouveaux Thabors, groupons auprès de son cœur des âmes qui l'aimeront à l'envi et qui lui feront oublier les ingratitudes des enfants rebelles.

A la mort de la sainte Fondatrice, seize Carmels, formés à l'image de l'ardente mère, faisaient monter vers Jésus cet encens parfumé de la prière et de l'amour, et à l'heure qu'il est, sur tous les pays du monde, les enfants de Thérèse consolent le cœur du divin Maître par une dilection si intense qu'elle est une des plus belles choses de ce monde.

Mais ce zèle de Thérèse avait aussi sa source dans la contemplation de la beauté des âmes. Et, de vrai, après Dieu, qu'y a-t-il de plus beau qu'une âme ! N'est-ce point pour elle, et c'est tout dire, que Notre-Seigneur est mort ? Et cependant, combien d'âmes qui se perdent ! Thérèse n'y tient plus. « O mes sœurs en Jésus-Christ, s'écrie-t-elle, aidez-moi donc à prier pour tant de pécheurs qui se perdent... Eh quoi ! le monde est en feu. Les malheureux hérétiques voudraient, pour ainsi dire, condamner une seconde fois Notre-Seigneur, puisqu'ils suscitent contre lui mille faux témoins et s'efforcent de renverser son Église. Et nous perdrions notre temps !...

Oui, quand je regarde ces grands maux, ce feu que les forces humaines ne peuvent éteindre et qui va toujours s'accroissant, il me semble qu'il faut une armée d'élite à l'Église de Dieu, une armée prête à mourir, oui ; à se laisser vaincre ; jamais. »

Un autre jour, s'adressant à Dieu lui-même, elle s'écrie encore : « Seigneur, faites éclater votre toute-puissance, manifestez votre miséricorde. Qu'elle est grande, mon Dieu, seul Maître véritable, qu'elle est grande la demande que je vous fais, lorsque je vous supplie d'aimer ceux qui ne vous aiment point, d'ouvrir à ceux qui ne frappent point à la porte de votre cœur, de guérir ceux qui non seulement se plaisent à être malades, mais travaillent à augmenter leurs maladies. Mais vous dites, Seigneur, que vous êtes venu chercher les pécheurs : les voici, les vrais pécheurs ; n'écoutez que votre bonté. »

Comme Thérèse regrette de ne pouvoir se lancer, à la suite des hommes apostoliques, à la conversion de ses pauvres pécheurs ! Elle les soutiendra, du moins, de ses prières, et elle fera à ses filles une obligation de rapporter à ce but « leurs désirs, leurs pénitences, leurs jeûnes ». Tout ce qu'elles font et tout ce qu'elles sont. « Le jour, dit-elle encore à ses religieuses, où vous cesseriez de les consacrer à ce que je viens de vous dire, sachez que vous ne feriez pas ce que Notre-Seigneur attend de vous et que vous ne rempliriez pas la fin pour laquelle il vous a réunies au Carmel. »

Mais si son regard embrasse le monde entier, il s'arrête, humide de larmes, avec une prédilection marquée, sur notre pauvre pays de France. « J'apprends les dommages que lui cause les Luthériens, dit-elle, ses malheurs ne cessent de croître : j'en suis navrée. Comme si j'**étais** ou si je pouvais quelque chose, je **pleure** avec le Seigneur en le conjurant de remédier à un si grand mal ». Priez encore, ô Thérèse, et vous, ses filles, Françaises d'origine et d'âme, priez encore pour la France, car son ciel est plein de nuages, priez, priez pour elle. Qui pourrait dire combien d'âmes a sauvées cette ardente prière de Thérèse ? On peut avancer d'après des témoignages autorisés, qu'elle a plus converti que les missionnaires et que son grand cœur a jeté parmi les hommes l'amour de Dieu avec plus de succès que l'activité la plus débordante des ouvriers du Christ. Rôle sublime des âmes qui **savent** prier. Il est beau de s'élever sur les hauteurs de la contemplation ; mais il est **plus** généreux peut-être de conjurer le ciel **en** faveur de ceux qui courent aux abîmes **et** qui sans cette prière ne verraient jamais **Dieu**.

Mais puis-je parler du cœur de Thérèse sans rien dire de sa bonté, de son exquise bonté pour tous ceux qui avaient le bonheur de la rencontrer ?

« Je suis tant homme que rien plus » disait saint François de Sales, l'aimable évêque de Genève. Sainte Thérèse aurait pu dire d'elle-même : « Je suis tant femme et tant mère que rien plus. » Rappelez-vous ses tendres caresses d'enfant pour cette mère bien-aimée, si tôt ravie à son affection ; ses larmes abondantes versées au moment de quitter son père pour entrer au couvent de l'Incarnation ; ses intarissables confidences avec ses frères, son infatigable dévouement pour tous les siens.

Quand elle est devenue réformatrice d'un grand ordre, fondatrice de plusieurs couvents, chargée de mille affaires qui l'absorbent, voyez-la avoir du temps pour tous les devoirs de l'amitié ; voyez-la jeter à tous les coins de l'Espagne et de l'Europe ces lettres dont nous avons parlé et qui sont des modèles de tendresse, en même temps que des chefs-d'œuvre de grâce et d'esprit.

Voyez-la pitoyable aux malheureux, secourable aux déshérités de ce monde, pleine de reconnaissance, pour ceux qui la blessent, la méprisent et critiquent ses actions.

Contemplez-la surtout dans l'intérieur de ses couvents, déversant autour d'elle les trésors de son amour, donnant à ses filles la consolation dans les peines, les soins les plus maternels à l'heure de la souffrance, semant partout la joie et le bonheur.

En un mot, rien ne peut arracher Thérèse à son amour de mère, aux tendresses de son cœur. Et l'on ne se lasse point d'admirer ce riche concert de facultés intimes dont la nature et la grâce ont orné l'âme de notre sainte.

III

« On m'avait dit que c'était une femme,
s'écriait un jour, au sortir d'un entretien avec
sainte Thérèse, un religieux éminent; il n'en
est rien : c'est un homme et des plus vrais
hommes que j'ai jamais vus. » Oui, Thérèse
possédait un cœur de mère et avec cela tous les
côtés élevés du caractère féminin, mais elle
avait aussi de l'homme, de l'Espagnol, du
Castillan, l'énergie, la force, l'intrépidité. Rien,
d'ailleurs, ne lui plaisait plus, dans une âme,
que le courage, et souvent on l'entendait dire à
ses filles : « Agissez en hommes de cœur, et
non comme de petites femmes ! » N'était-elle
pas, du reste, originaire d'une ville qui « n'était
bâtie que de pierres et de saints » et ne savons-
nous pas qu'un jour, au temps des Maures, les
femmes d'Avila, en l'absence des hommes,
s'étaient constituées en armée défensive, avaient
repoussé les Musulmans et défendu la cité ?

Thérèse était de cette race virile. Et sans
vouloir voir tout en tout, ne pouvons-nous pas
dire que la détermination, prise, un jour, par
la jeune enfant, de s'en aller avec son frère
Rodrigue, loin de la maison paternelle, dans
l'intention de conquérir le martyre aux pays
infidèles, indiquait déjà chez elle une énergie
peu commune, une force morale qui était bien
au-dessus de son âge ? Notre sainte, qui ra-
rement parlait d'elle-même, convenait qu'elle
avait un grand courage naturel.

A quoi bon, d'ailleurs, insister pour établir une vérité qui s'affirme avec évidence d'un bout à l'autre de la vie de Thérèse ! Courageuse, pleine de volonté et de constante énergie, Thérèse l'a été autant qu'elle a été bonne, autant qu'elle a été unie à Dieu, autant qu'elle a été fervente. Je ne sais s'il y a jamais eu, sur la terre, une créature qui ait été combattue, contrecarrée, discutée, attaquée, comme l'a été Thérèse de Jésus. Évêques, religieux, séculiers, pouvoirs publics, tous s'unirent contre elle, la faisant passer pour une folle, pour une agitatrice, pour une dangereuse séductrice, pour une femme personnelle et pleine de vanité, pour une démoniaque. On a fort justement comparé l'histoire de ses fondations, de ses dix-neuf fondations, aux stations d'un long et douloureux chemin de croix. « Chacune d'elles est un drame qui s'ouvre par la haine conjurée de l'enfer et du monde, et qui se termine par le triomphe de la patience, de l'humilité et de l'amour.[1] » Notre-Seigneur lui-même rend un jour à Thérèse le témoignage qu'il lui a fallu un grand courage pour faire face à tant d'épreuves : « Eh bien, ma fille, tu peux avoir ainsi l'idée de ce que les fondateurs d'ordres ont eu à souffrir. Il te reste à endurer des persécutions plus grandes que tu ne saurais te l'imaginer : mais ne t'en inquiète point. »

Thérèse ne s'inquiétait pas. Elle n'avait point d'argent : car ce n'était rien, par exemple,

---

[1] R. P. Steiger, S. J.

que « Thérèse et trois ducats » mais quand elle
avait décidé d'ouvrir une nouvelle maison,
elle y entrait comme elle pouvait et le bon père
saint Joseph, servi par la bienfaisante Providence, faisait le reste. Elle n'avait point de
santé ; elle se nommait joyeusement « la pauvre
vieille ;» malgré cela « la voyez-vous, dit Fénelon,
qui s'en va, de ville en ville, traînée dans de
rudes chariots, presque toujours accablée de
maladies, dans la rigueur des saisons, et parmi
mille périls, ne trouvant, après tant de peines,
qu'un peu de paille sur la terre nue pour y
passer la nuit ! »

Au sein des plus terribles tempêtes, Thérèse
gardait son âme dans la plus grande sérénité.
Or la sérénité est une force. « Tout passe » se
disait-elle avec joie, et pour ne point perdre
de vue le secret de cette inaltérable patience,
elle avait composé pour son livre d'heures un
signet bien apparent sur lequel elle avait écrit
ces mots qui sont bien la devise de toute âme
confiante, de toute âme désabusée des créatures :

> Que rien ne te trouble ;
> Que rien ne t'épouvante ;
> Tout passe :
> Dieu ne change point ;
> La patience obtient tout ;
> Qui possède Dieu,
> Rien ne lui manque ;
> Dieu seul suffit.

Quand on marche ainsi sur la terre, les yeux
fixés vers le ciel et vers Dieu, l'on ne s'inquiète

guère des hommes et des contradictions d'ici-
bas. On ne craignit pas de noircir par d'infâmes
calomnies la réputation de Thérèse ; on alla
jusqu'à prévenir contre elle le légat du Pape
et le ministre général de l'ordre ; on lui défendit
sous les peines les plus graves de sortir de son
couvent, elle fut toujours forte parce qu'elle s'ap-
puyait sur Dieu.

Or, quand une fois Thérèse connaissait la
volonté de Dieu, elle l'affirmait elle-même avec
une belle et sainte fierté, rien ici-bas n'était
capable d'arrêter son élan ni de paralyser son
action. La louerait-on ; la blâmerait-on ; elle ne
s'en préoccupait guère ; Notre-Seigneur le voulait, elle marchait malgré tous les obstacles.

Parfois, comme il arrive à toutes les âmes
lancées dans le tourbillon des affaires et dans
les entreprises difficiles, notre sainte se retour-
nait vers sa chère et paisible cellule d'Avila,
son paradis de la terre, pour en regretter les
douceurs reposantes, mais le divin Maître
réfrénait aussitôt ce désir en lui disant : « ma
fille, comprends-le bien, le mérite ne consiste
pas à goûter de grandes joies dans l'oraison,
mais à faire ma volonté. » Et la volonté de Dieu
consistant dans la fondation de nouveaux monastères ; il n'était guère question pour Thérèse
de se reposer, il fallait marcher sans cesse vers
de nouvelles contradictions. Mais, quand on
est mère, la plus grande souffrance n'est pas de
souffrir soi-même ; la suprême douleur, c'est
de voir ses enfants partager ses propres épreuves et boire au même calice. Thérèse souffrait

infiniment de toutes les peines qu'elle imposait
à ses filles en les associant à ses travaux ; mais
elle avait bien trouvé le secret de les adoucir,
en insufflant en celles qui l'entouraient quel-
ques-unes de ces énergies qui la soutenaient au
sein des plus terribles orages. Ce n'était pas
assez pour son cœur de fondatrice de leur avoir
communiqué les ardeurs de sa charité, d'avoir
rayonné sur elles les vives lumières de son
esprit ; elle voulut aussi leur donner les intrépi-
dités de son âme héroïque. Aussi, comme leur
mère, les Carmélites marchaient-elles à travers
les quolibets, les oppositions des grands, les
difficultés des chemins, les rigueurs de la
saison, les dangers accumulés par des ennemis
de toute sorte, le sourire sur les lèvres, la joie
dans l'âme, n'ayant qu'une seule pensée, celle
de réaliser la volonté de Dieu, quoi qu'il pût en
coûter.

Quand il s'agissait de défendre la règle du
Carmel, Thérèse montrait la même énergie.
« Un gentilhomme se trouvait fort offensé
d'être éconduit chaque fois qu'il se présentait
(au parloir d'Avila) pour voir une religieuse.
Un jour, lassé de ses instances inutiles, il
demanda notre sainte elle-même, comptant
par ses menaces la mettre à la raison. Elle se
rendit à la grille et, sans une ombre d'impa-
tience, le laissa débiter ses injures et ses
mauvais propos. Quand il n'eut plus rien à
dire, avec un ton d'autorité qui ne souffrait
pas de réplique, elle le pria de laisser la paix
au monastère, lui déclarant qu'il ne verrait

jamais la religieuse, et que s'il continuait ses poursuites indiscrètes, elle le dénoncerait au roi.

Le gentilhomme se retira plus honteux que mécontent. « On ne plaisante pas avec la mère Thérèse, dit-il à ses amis qui l'attendaient à la porte. Il faut renoncer au parloir » Le gouverneur lui-même vint la féliciter de sa fermeté; mais c'était plus haut que terre que Thérèse puisait cette énergie. « L'obéissance, lui dit un jour Notre-Seigneur, donne des forces », et comme la courageuse fondatrice du Carmel savait qu'en toutes choses elle faisait œuvre d'obéissance à Dieu, elle recevait incontinent la récompense de son aveugle soumission.

*
* *

Telle fut ou plutôt telle est l'âme de sainte Thérèse; car cette âme vit et respire encore au milieu de nous et le corps qu'elle anime, c'est le Carmel, le Carmel de tous les pays et de tous les cieux. Là, vous retrouvez ces élans d'amour, cette pratique de l'oraison, ce zèle pour la gloire de Dieu et pour le salut des âmes, cette bonté rayonnante et conquérante, cette fermeté inébranlable, ce dévouement à l'Église et au Pape, ce culte de la Vierge Marie et de son idéal Époux, cette affectueuse sollicitude pour les âmes du Purgatoire, ces tendresses pour les membres de la famille restés dans le monde, parfois aussi ces études profondes et élevées, toujours cette passion de l'humilité, de l'obéissance, du sacrifice sous toutes les formes dont Thérèse avait le secret et, au-dessus de ces choses grandes et belles, une paix, une joie, des allégresses qui font de chaque couvent, pour Notre-Seigneur et pour les âmes, « un jardin de délices ».

Là, comme au temps de Thérèse, vous voyez se grouper, fuyant les dangers du siècle, les âmes affectionnées à l'oraison, les âmes d'élite, celles que Jésus appelle à une perfection plus haute et qui viennent se consoler près des grilles du Carmel de ne pouvoir briser les obstacles qui les retiennent dans le monde.

Là, comme aux jours de la séraphique Mère, vous entendez les accents d'une ardente supplication en faveur de la chère et pauvre France ; et si, malgré tant de défections, notre pays conserve sa place héréditaire dans l'ensemble des nations, c'est-à-dire la première place, il la doit peut-être à la prière de Thérèse continuée par ses fidèles enfants.

Là, comme au XVIe siècle, vous voyez Thérèse, dans la personne de ses Filles, tendant les bras au Ciel pendant que des soldats dévoués se dépensent dans les missions et arrosent de leur sang une terre qui se refuse à reconnaître et à accepter leur travail. Un jour prochain, le sang de ces martyrs deviendra une féconde semence de chrétiens et les anges de Dieu révèleront au monde que ces moissons d'âmes sont obtenues par l'action combinée des prêtres de Jésus-Christ et de ses fidèles épouses.

Aujourd'hui, comme alors, des essaims séraphiques, sortis de la ruche du Carmel de sainte Thérèse, vont porter dans toutes les directions l'esprit de notre sainte et les grands amours de son cœur.

Aujourd'hui, enfin, comme il y a trois siècles, le Carmel est le lieu béni où l'on vit, où l'on prie, où l'on aime, où l'on meurt, comme Thérèse, avec Dieu et pour Dieu.

Continuez, ô Mère, à rester au milieu de nous. Il ne nous suffirait point d'avoir entre les mains, pour les savourer, vos immortels travaux, et vos incomparables chefs-d'œuvre ; il nous faut encore, il nous faut surtout la salutaire influence de vos exemples, il nous faut votre esprit et votre âme pour nourrir nos énergies et dilater notre amour de Dieu et du prochain. Or, aussi longtemps que vos Fils et vos Filles seront avec nous, vous aussi, ô Thérèse, vous serez parmi nous ; et par cette présence morale, vous nous élèverez, dans la lumière, dans la générosité et dans l'amour jusqu'à celui qui est la lumière, la générosité et l'amour infinis.

Ainsi soit-il.

20550 — Imprimerie des Orphelins, 70, Quai de l'Est. Calais

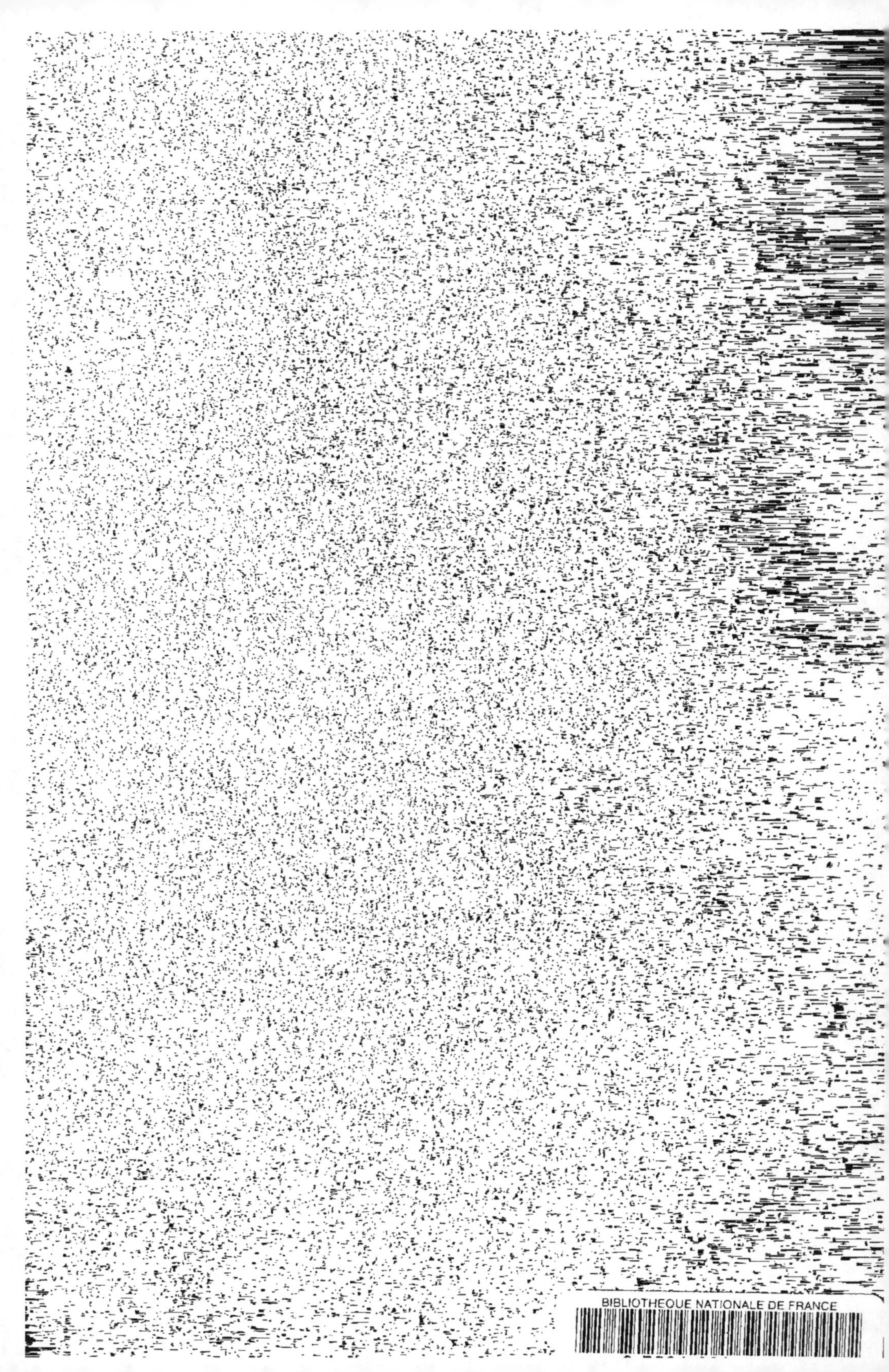

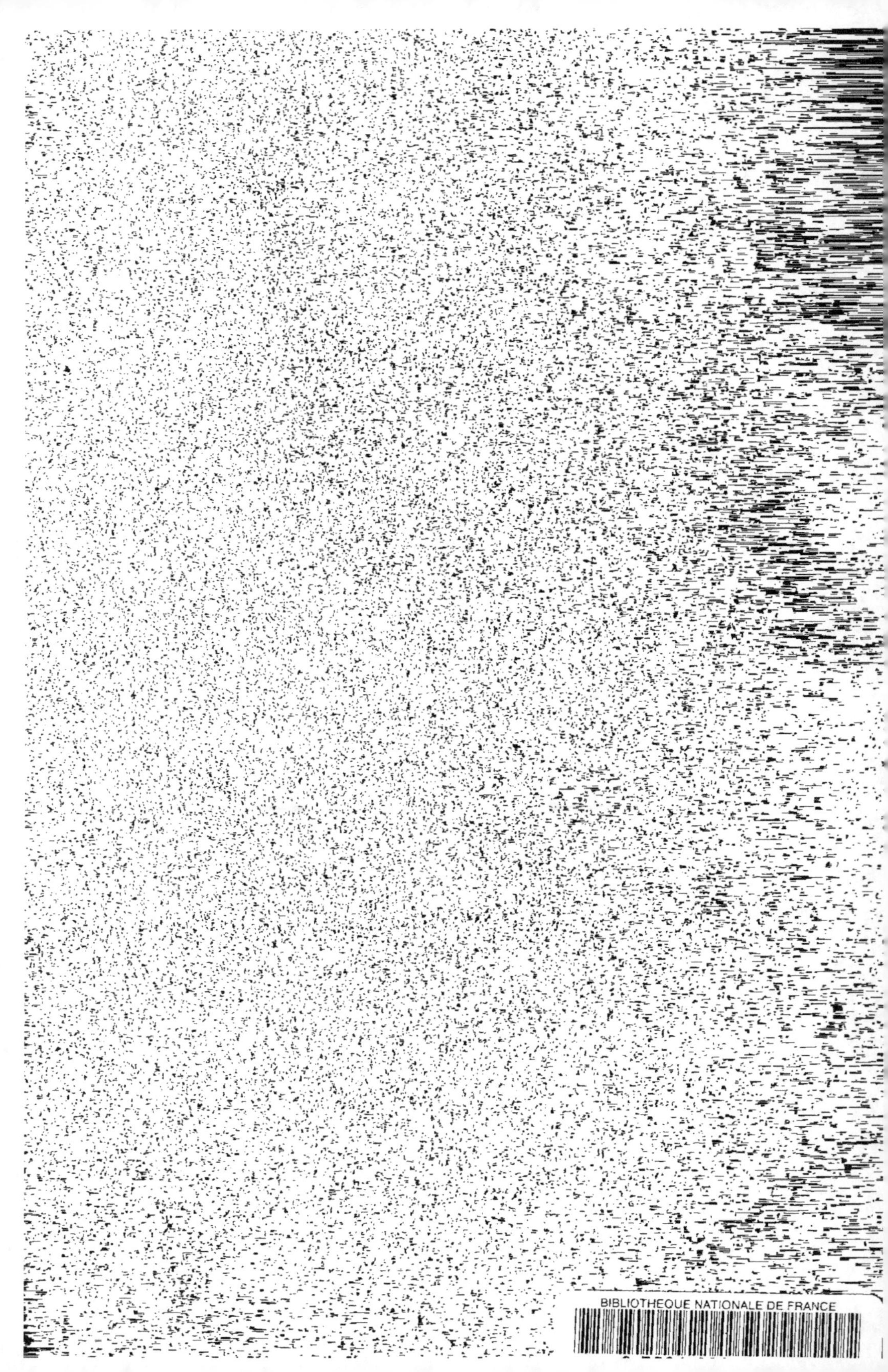

www.ingramcontent.com/pod-product-compliance
Lightning Source LLC
Chambersburg PA
CBHW061258050726
47594CB00004B/1534